UNION DES ASSOCIATIONS PROFESSIONNELLES

du Personnel civil

DES ADMINISTRATIONS CENTRALES

PROJET

DE

RÈGLEMENT COMMUN

aux Administrations Centrales

DES DOUZE MINISTÈRES

ET A LA CAISSE DES DÉPOTS ET CONSIGNATIONS

PARIS

IMPRIMERIE DRIAY-CAHEN
20, Rue Saint-Lazare

UNION DES ASSOCIATIONS PROFESSIONNELLES

du Personnel civil

DES ADMINISTRATIONS CENTRALES

PROJET

DE

RÈGLEMENT COMMUN

aux Administrations Centrales

DES DOUZE MINISTÈRES

ET A LA CAISSE DES DÉPOTS ET CONSIGNATIONS

PARIS

IMPRIMERIE DRIAY-CAHEN
20, Rue Saint-Lazare

PROJET DE RÈGLEMENT COMMUN

AUX

Administrations Centrales des Douze Ministères

ET A LA

CAISSE DES DÉPOTS ET CONSIGNATIONS

EXPOSÉ DES MOTIFS

L'Union des Associations des Administrations Centrales, Fédération des groupements englobant le personnel supérieur des divers Ministères, — c'est-à-dire les fonctionnaires dont la collaboration incessante assiste directement le Gouvernement dans sa tâche de direction et de contrôle de toute l'organisation nationale, — croit devoir soumettre ses revendications aux pouvoirs publics sous la forme d'un projet de réglement dont l'adoption pourrait suivre immédiatement et même au besoin devancer le vote du projet de loi relatif au statut des fonctionnaires.

Le présent exposé des motifs commente et explique les dispositions essentielles auxquelles s'est arrêtée l'Union, après une étude approfondie et trois délibérations successives du texte qu'elle présente.

En préparant le projet ci-joint, l'Union des Associations des Administrations Centrales s'est inspirée de deux préoccupations essentielles: la première est de tenir compte le plus largement possible de l'organisation existante, malgré ses *défectuosités*, afin de donner à ses propositions un caractère pratique, immédiatement réalisable; la seconde est de n'envisager l'intérêt des fonctionnaires qu'autant qu'il se confond avec l'intérêt public, dont il ne saurait être, dans une démocratie, qu'une conséquence et qu'un cas particulier.

L'Union a la conviction d'avoir atteint ce double but. Le Réglement qu'elle a élaboré peut être appliqué sans délai aux diverses Administrations Centrales; pour chacune, il constituerait un réel progrès; et non seulement la situation matérielle et morale des fonctionnaires s'en trouverait relevée, mais les rouages centraux de l'Etat recevraient l'organisation stable qui leur a jusqu'à présent fait défaut et faute de laquelle tout perfectionnement sérieux, toute simplification, ont été impossibles.

Le présent projet, pour être complet, comporte nécessairement deux ordres de revendications qui, pour se trouver le plus souvent confondues dans la rédaction des articles, n'en sont pas moins aisés à distinguer: d'une part, il confirme expressément, en ce qui concerne le personnel des Administrations Centrales, des vœux communs à l'ensemble des fonctionnaires français, vœux auxquels le projet de loi sur le statut des fonctionnaires est appelé à répondre; d'autre part, il concrétise plus spécialement

les aspirations du personnel des divers Ministères, personnel auquel n'ont été épargnés
ni les railleries fanées de publicistes à court d'esprit, ni les injustes dédains de ceux-là
mêmes, parfois, auxquels sa collaboration officielle ou officieuse était la plus indispensable, mais qui n'en a pas moins la conscience de jouer, dans les destinées de la
nation, un rôle absolument essentiel. Les Ministères ne sont pas en effet seulement les
régulateurs centraux de toute l'administration nationale, ils sont encore les auxiliaires
et les conseillers permanents des pouvoirs publics, les organes techniques dont le concours
direct ou indirect est indispensable pour préparer ou pour mettre au point tous les actes
du législateur ou de l'exécutif. Le Gouvernement, le Parlement et la Nation elle-même
ne sauraient se désintéresser de la bonne organisation de corps aussi importants ; quant
au personnel des Administrations centrales lui-même, dont le dévouement et le
loyalisme ne se sont jamais démentis, il n'a d'autre ambition que d'être à la hauteur
d'une tâche dont la grandeur même et l'intérêt soutiennent son zèle et lui donnent, avec
le sentiment de ses devoirs, celui de sa dignité.

Il ne paraît pas utile d'insister ici sur celles des revendications de l'Union qui se
confondent avec les aspirations générales des fonctionnaires. D'accord avec les autres
groupements qui, comme elle-même, ont adhéré au Comité d'études présidé par
M. Demartial, elle estime qu'il n'y a pas seulement un intérêt professionnel, mais
un intérêt public primordial et un devoir républicain, à introduire l'ordre, la régularité
et la justice, sous la garantie de la loi.

Les fonctions publiques sont la chose de la nation. Elles ne sauraient être
exploitées ni dans un intérêt individuel, ni dans un intérêt de parti. De même que
l'armée, et pour la même raison de santé nationale, les services publics doivent recevoir
une forte constitution, et demeurer à l'écart, comme à l'abri, de toute agitation politique.
Il faut, à cet effet, qu'ils soient solidement hiérarchisés, que l'accès en soit ouvert à
tous, sous les seules garanties du civisme et des capacités, et que l'avancement et la
discipline y soient réglementés en dehors de toute intervention extérieure et de tout
arbitraire. Sous quelque forme que ce soit, le « fait du Prince » est incompatible
avec l'idée même de la République.

Les Administrations centrales ne sauraient, à cet égard, adopter une autre ligne
de conduite que l'ensemble des fonctionnaires français. Mais plus peut-être à même
d'apprécier les vices du régime administratif actuel et d'en subir les conséquences,
elles ont constaté avec amertume que les garanties, cependant solennelles, qui leur ont
été accordées par leurs réglements organiques, ont été, soit ouvertement violées, soit
plus souvent encore tournées, avec d'autant plus de facilité que la complication des
textes, par le désordre même qu'elle comporte, était plus favorable à des combinaisons
contestables. A côté du recrutement officiel par le concours, ou sous des conditions de
services nettement définies, s'est institué le recrutement occulte par les permutations, par les créations d'emplois nouveaux sans assimilation précise, et que des
régularisations ultérieures incorporent immanquablement aux cadres normaux. Dans
l'avancement, d'autre part, la recommandation politique a pris une importance aussi
absolue qu'abusive, à tel point qu'aujourd'hui on voit trop souvent des fonctionnaires
des administrations centrales assumer un double service: l'un, le moins considéré
pour sa carrière, partant le plus négligé, — celui dont il est officiellement chargé ;
l'autre, occulte mais essentiel, exercé au détriment de l'Etat qui le paie, — celui qu'il
s'impose au profit de protecteurs parlementaires. Et il atteindra le comble de ses vœux
si, désertant tout à fait sa fonction normale, il suit dans un Cabinet de Ministre l'un
de ses protecteurs appelé au pouvoir par le hasard des combinaisons politiques, et qui
pourra récompenser ses services particuliers grâce aux prérogatives gouvernementales
dont il est investi dans un intérêt public.

Avec tous les fonctionnaires français, l'Union demande donc que nul n'ait accès
dans les Services publics qu'à la base, et sous des conditions applicables à tous les
candidats ; elle demande que les permutations ne soient autorisées qu'à équivalence de
grade, et entre des corps pareillement hiérarchisés, pareillement défendus contre toute
intrusion irrégulière ; elle demande que les règles de l'avancement soient moralisées par
l'institution de conseils du personnel, et par une publicité qui, dans un régime
d'opinion, est la plus sûre des garanties contre l'arbitraire ; elle désire subsidiairement

que le passage dans un Cabinet de Ministre grâce à une nomination qui est bien plutôt le fait de la faveur que celui du mérite personnel, ne puisse créer à un fonctionnaire des avantages anormaux.

Elle s'associe enfin aux revendications générales des autres groupements en ce qui concerne la discipline. Bien que cette question n'ait pas, en fait, pour le personnel qu'elle représente, une importance primordiale, étant donnée la rareté des cas où l'action disciplinaire s'est exercée dans les administrations centrales, elle estime qu'il y a un intérêt de principe à donner à tout fonctionnaire la garantie que son grade ne peut lui être retiré, que sa carrière ne peut être compromise, même momentanément, que suivant des formes judiciaires, étroitement tracées à l'avance, excluant toute possibilité d'arbitraire. Elle pense que l'institution de tribunaux administratifs, sous quelque forme que ce soit, serait vaine, si les décisions de ces tribunaux n'étaient pas souveraines. Elle ajoute que le fait de réserver au Gouvernement le droit de passer outre, même exceptionnellement, même sous la réserve de la sanction parlementaire, aux jugements de ces tribunaux, aboutit à maintenir l'arbitraire précisément dans les seuls cas où il y aurait le plus d'intérêt à le bannir: car il est évident que ce privilège régulier ne sera invoqué que dans les circonstances où un intérêt politique sera en jeu, et au moment même où cet intérêt, objet de la lutte des partis, se présentera au Gouvernement lui-même sous la forme la plus confuse, la plus trouble, la plus incompatible avec la sérénité et l'indépendance d'esprit qui sont la condition même de la justice.

Il reste à exposer maintenant la partie des revendications de l'Union qui concerne plus spécialement les fonctionnaires des Administrations Centrales.

En tête de ces revendications, il convient d'inscrire l'unité même de réglement, d'où découlent, comme conséquences naturelles, l'unité de traitement et l'unité de recrutement (1).

L'unité de réglement est en soi si normale, si logique, que plutôt que de chercher à la justifier, il conviendrait de se demander quelles causes ont pu, jusqu'à présent, en empêcher l'adoption. Ces causes sont aisées à découvrir et elles ne sauraient militer contre une mesure aussi légitime: elles résident tout entières dans les vices de l'organisation qui a jusqu'à présent prévalu. Comme aucune idée générale, aucun esprit de méthode n'ont été apportés dans la constitution des services publics, et que, contrairement au génie et aux traditions de la nation française, ils ont été réglementés au gré des circonstances, par des mesures de détail et d'occasion, sans programme d'ensemble, il ne faut pas s'étonner de voir des administrations centrales, jouant parallèlement des rôles rigoureusement semblables auprès des membres d'un même Gouvernement, continuer à être régies par des statuts différents. Si l'on pénétrait plus avant dans les raisons de cette anomalie, on pourrait apercevoir l'erreur fondamentale dont elle est l'expression. Ce sont encore des idées de l'ancien régime qui subsistent au fond de cette absence d'ordre et d'unité: l'on a conçu les Ministères comme des Secrétariats particuliers, que chaque Ministre doit organiser à son gré. Cette notion est monarchique, elle n'est pas républicaine. S'il est vrai que toute souveraineté vient de la Nation, les Membres du Gouvernement n'ont pas à aménager comme un domaine particulier le Département qui leur est confié; il est souhaitable qu'ils le reçoivent de la nation, dûment constitué, comme un dépôt dont ils assument pour un temps le contrôle et la direction. L'idée même de la République est celle d'un Etat où les choses ont plus d'importance que les hommes, où les cadres demeurent, alors que les personnes passent. La vie de l'organisme social est permanente; elle ne s'arrête pas, malgré les transmissions de pouvoir; elle ne connait pas de crises.

Placées tout près du pouvoir, destinées à être ses instruments immédiats, ces administrations centrales doivent être d'autant plus stables que la direction qu'elles reçoivent peut être, en vertu des principes parlementaires, plus changeante.

Pourquoi d'ailleurs constituer différemment ces corps, qui ne sont, après tout, que les conseils juridiques particuliers de chaque Ministre, au même titre que le Conseil d'Etat est le conseil juridique commun du Gouvernement dans son ensemble? Qu'il

---

(1) Voir le « *Personnel des Ministères* » par M. Demartial, éd. Berger Levault, Paris.

s'agisse de finances, de travaux publics, d'administration départementale ou d'enseignement, que demande l'Exécutif à ses auxiliaires immédiats, sinon la connaissance approfondie des lois, des réglements, de la jurisprudence et des traditions propres à chaque département? Pourquoi ne pas organiser semblablement des fonctions semblables ?

L'intérêt de l'Etat se confond ici avec celui de ses agents, à qui des tâches pareilles doivent assurer des situations pareilles, et qui se trouveront mieux défendus dans leur ensemble, plus attachés à leurs devoirs, s'ils sont protégés par un statut commun excluant ces à peu près qui sont autant de fissures pour l'arbitraire.

La question d'ailleurs, pourrait-on dire n'est plus entière, puisque le précédent Gouvernement, avant même de se préoccuper du statut des fonctionnaires, avait fait étudier par une Commission du Conseil d'Etat (1) un réglement commun aux divers Ministères, et que l'année dernière le principe de ce réglement a fait l'objet d'une motion de M. le député Gervais, acceptée par le Gouvernement, et votée à mains levées par la Chambre le 26 novembre 1908 (2).

L'unité de traitement est la suite naturelle de l'unité de réglement. Pourquoi faire des conditions différentes de solde à des agents de même grade, chargés de tâches analogues ? La motion rappelée ci-dessus posait d'ailleurs ce même principe.

Il ne semble pas nécessaire de dire que cette modification ne saurait être réalisée que sur la base du Ministère présentement le plus favorisé. Il serait contraire aux traditions constantes de bienveillance de l'Etat envers ses agents, de supposer une autre solution. De plus, si l'on considère que jusqu'à ces deux dernières années, les traitements des fonctionnaires des administrations centrales n'ont pas changé sensiblement depuis 1848 ; si l'on songe à l'augmentation constante du coût de la vie, qui a nécessité pour tous les travailleurs de l'industrie privée un relèvement parallèle des salaires, et qui a motivé semblablement le relèvement des appointements de presque tous les fonctionnaires, celui de l'indemnité parlementaire, et tout dernièrement, celui des soldes des officiers, si l'on tient compte du développement de la richesse publique, en raison duquel des situations que l'on pouvait considérer il y a soixante ans comme aisées apparaissent aujourd'hui comme extrêmement modestes, pour ne pas dire misérables, on sera forcé de convenir que des vœux tendant à obtenir pour les Administrations centrales une augmentation variant de 10 à 20 o/o, sont réellement des plus modestes.

Quoi que l'on en puisse penser, l'intérêt de l'Etat n'est pas, sur ce point, différent de celui des fonctionnaires. Les traitements actuels sont si insuffisants qu'on peut affirmer qu'aucun employé de Ministère, en dehors des grades tout à fait élevés, ne peut s'en contenter pour vivre ; tous sont contraints de demander un appoint, soit à une fortune personnelle qui ne saurait jamais être qu'une exception, et dont il serait antidémocratique de faire état, soit à des occupations accessoires, de jour en jour plus absorbantes, qui feront bientôt considérer la fonction publique comme n'étant elle-même qu'un supplément, un métier mal payé, dont on s'acquitte sans goût, avec la hâte de courir à une besogne mieux rémunérée. Il est de l'intérêt de la Nation que ses agents aient une situation considérée, enviée même. Cette vérité a prévalu en Allemagne et plus encore en Angleterre, dont les administrations pourraient être données en modèles à la nôtre, et ont immensément contribué à la force et à la prospérité de ces pays. D'ailleurs l'on peut dès à présent prévoir le moment où, par la transformation qui s'opère dans les idées du public et dans les méthodes d'éducation, les carrières administratives ne jouiront plus de la faveur qui les a jusqu'à présent entourées ; le recrutement des rédacteurs dans les divers Ministères, ne tardera pas à devenir malaisé ; déjà les concours accusent une baisse sensible du nombre des candidats, et les jeunes générations seront de moins en moins désireuses de se disputer des postes où le travail grandit chaque jour, dont la rémunération est médiocre, et que des esprits distingués, des hommes de gouvernement même, font profession de mépriser.

---

(1) Rapport de M. Hébrard-de-Villeneuve.

(2) Texte voté: « La Chambre invite le Gouvernement à procéder à une étude d'ensemble des administrations centrales de tous les Ministères pour unifier les règles de l'avancement et l'échelle des différents traitements ».

Assurément le budget de l'Etat doit mesurer ses sacrifices. Les charges qu'il doit assumer pour l'œuvre sociale de la République sont sacrées, et doivent passer avant toute autre préoccupation, de même que celles qui concernent la défense nationale. Mais l'effort à faire pour les Administrations Centrales n'est pas considérable: il peut être en partie compensé par des économies, soit à l'intérieur de ces Administrations elles-mêmes, soit dans les budgets qu'elles gèrent, et dont elles indiqueraient souvent elles-mêmes, les dépenses aisément compressibles. Il faut cependant avoir le courage et la franchise de dire qu'un sacrifice sera nécessaire. Le personnel des Administrations Centrales a vu avec un profond regret la Commission du budget rejeter toutes augmentations de crédit les concernant, même compensées par les réductions qu'elles avaient su découvrir dans d'autres chapitres. Cette attitude purement négative ne saurait être une solution ; il ne suffit pas d'affirmer que toutes ces Administrations disposent d'une telle pléthore de personnel que des suppressions d'emploi gageraient les améliorations demandées ; alors que les Ministres responsables reconnaissent après examen, l'impossibilité de suppressions aussi étendues, il est indispensable que la Commission du budget consente à se rendre à l'évidence ou à donner les raisons précises et détaillées de son refus. Elle n'ignore pourtant pas ce qui se dépense, dans les Ministères, de travail, de compétence et de dévouement ; ses membres savent combien leur tâche leur est facilitée par ces fonctionnaires dont la situation la laisse indifférente ; et elle n'a certainement pas mesuré la conséquence logique du principe un peu trop simple auquel elle prétend se tenir : alors que le relèvement des soldes sera possible dans quelques Ministères, heureusement favorisés d'une abondance de personnel qui aura valu aux agents d'abord peu de travail, et ensuite une condition meilleure, d'autres Ministères seront maintenus dans une situation inférieure, précisément parce que tout le monde y est si chargé de besogne qu'aucune unité ne peut être supprimée.

Dans la pensée de l'Union, l'unité de recrutement est également liée à l'unité de statut. Ici, pourrait-on dire, l'intérêt est seul en cause. Mais les fonctionnaires pensent que tout ce qui peut servir à relever la fonction publique leur est un gain direct.

Logiquement, puisque dans des Ministères différents des agents de même grade sont chargés de tâches analogues, il ne peut y avoir qu'intérêt à les recruter par un concours unique. D'ailleurs plus large est la base du recrutement, plus grande est la publicité, plus élevé aussi est le niveau des candidats. Enfin, un concours unique et commun exclut l'idée de toute complaisance comme de tout hasard favorisant des incapables.

L'Union estime qu'en dehors des places attribuées d'après les lois militaires, tous les emplois, dans les Ministères, doivent être donnés aux seules capacités, révélées par le concours. Il lui semble qu'il y a lieu d'établir dans le personnel des Administrations centrales, trois catégories distinctes, recrutées séparément, mais d'une façon uniforme pour tous les Ministères: les copistes ou dactylographes, les commis (anciennement expéditionnaires), les rédacteurs, appelés à fournir le personnel des grades supérieurs.

Ces trois catégories d'agents sont profondément différentes par la nature des services demandés, à chacune conviennent des capacités spéciales ; chacune doit avoir son recrutement propre.

Les travaux de copies demandent exclusivement de la célérité et une attention élémentaire ; ils sont confiés à des dactylographes, ce qui permettra de réaliser quelques économies.

Aux commis incombent normalement toutes les tâches d'exécution, qui demandent non pas une culture générale, mais de fortes qualités d'ordre, d'assiduité, de soin. Ces tâches peuvent être extrêmement étendues ; tout ce qui concerne notamment la tenue d'une comptabilité, les achats et expéditions de matériel, s'y classe naturellement. Ajoutons également la majeure partie du travail occasionné par l'administration du personnel, la liquidation des retraites, et, en général, toutes les questions qui, dans un service quel qu'il soit, se présentent toujours sous les mêmes aspects, exigeant de la part des employés qui les traitent non pas des connaissances administratives ou juridiques, mais de l'attention et la mémoire des « précédents ». Or, actuellement, beaucoup de ces besognes sont attribuées à des rédacteurs ; on grève ainsi le budget inutilement, on tire un parti insuffisant des éléments dont on dispose, et la surcharge des cadres supérieurs retarde l'avancement vers les grades les plus élevés. Sans aller aussi loin que l'administration anglaise, qui n'hésite pas à regarder par exemple les fonctions du « chief accountant », analogues à celles d'un Directeur de Comptabilité, comme des fonctions de « seconde catégorie », et à les attribuer à des agents de modeste origine, il semble qu'il y aurait tout avantage à confier à des commis, recrutés parmi les anciens sous-officiers où, à la suite d'un concours, parmi les candidats justifiant d'une bonne instruction primaire, la plus grande partie des tâches d'exécution, si nombreuses et si variées dans nos Administrations. On réaliserait ainsi une meilleure répartition du service, une diminution du nombre des emplois supérieurs, partant, ces économies toujours si désirées.

Les rédacteurs, enfin, avec les sous-chefs, chefs, sous-directeurs et directeurs, représentent un troisième groupe, dont la mission est toute différente des précédentes. Conseillers, comme on les appelle en Allemagne, — fonctionnaires consultants, comme on dit en Angleterre, — ils doivent apporter aux autorités près desquelles ils se trouvent placés, le concours de leurs connaissances, de leur compétence et de leur jugement. Leur nombre n'a pas besoin d'être considérable ; mais leur valeur personnelle doit être grande.

L'Union pense qu'ils ne sauraient être recrutés qu'à la suite d'un concours très sévère, en attendant le moment où ils pourraient avoir été préalablement préparés à leurs fonctions par un passage dans une Ecole spéciale d'administration.

On contestera peut-être, en considérant les administrations actuelles, l'utilité d'un pareil recrutement, et l'on voudra peut-être y découvrir une idée peu démocratique. Ces objections ne sauraient être sérieusement élevées contre le système.

De plus en plus, dans un Etat moderne, avec la croissante complexité de l'organisation sociale, la spécialisation des activités, la complication qui naît tout naturellement d'une civilisation déjà ancienne et toujours en progrès, les grandes questions de politique et d'administration présentent un véritable côté technique: il existe une science de la Société, des sciences juridiques. Ce serait une erreur de considérer ces sciences comme aussi formelles que les mathématiques, car l'évolution est une réalité, et elle ne s'opère que grâce à la poussée des sentiments et des idées qui ne sont pas encore scientifiques ; c'est pourquoi l'initiative, le pouvoir, la responsabilité doivent toujours appartenir aux hommes qui ont su incarner et diriger les aspirations de la Nation.

Ces hommes seront les gouvernants, mais à côté d'eux sont nécessaires des techniciens de législation et d'administration, dont le rôle demeure consultatif, mais dont les lumières sont précieuses aux dirigeants. Ces auxiliaires, ces conseillers seront surtout indispensables dans les Administrations centrales, auprès des Ministres. C'est là qu'ils se formeront, qu'ils recevront la tradition de leurs prédécesseurs, et développeront peu à peu leur expérience. Nul ne doute que pour construire un pont ou conduire une armée, une formation d'esprit spéciale ne soit nécessaire. En faudra-t-il moins pour échafauder une réforme fiscale, pour préparer des actes législatifs susceptibles d'influer sur l'avenir économique de la nation, pour étudier les répercussions probables de telle mesure destinée à intervenir dans les rapports des divers facteurs de la production ?

Et si de tels collaborateurs sont nécessaires aux dirigeants du pays, comment ne pas exiger qu'ils aient fait preuve de capacité, par leur culture générale d'abord, par leurs études spéciales ensuite ? Le véritable esprit démocratique consiste à ouvrir aux enfants du peuple toutes les possibilités. Nul ne doit être écarté des fonctions publiques, quelles qu'elles soient, sous la seule garantie de la justification de son aptitude. Les hauts grades de l'armée comptent de nombreux hommes de valeur partis des rangs les plus modestes ; mais ces hommes ont subi la loi commune ; ils ont concouru pour parvenir au rang d'officier ; loin d'être une entrave pour leur mérite, cette règle inflexible lui a permis de se manifester. De même les emplois supérieurs de l'Administration, à partir du grade de rédacteur, s'ils sont conçus d'après les idées dont s'inspire l'Union, ne sauraient être attribués qu'à des candidats ayant justifié des qualités requises. Ainsi s'exprimait M. Chaumet à la tribune de la Chambre des Députés, le 20 février 1905, dans la discussion sur le budget de la Marine: « Moins que personne, je veux défendre « les privilèges de la naissance et de la fortune. Je désire qu'aucun enfant de ce pays ne « puisse être empêché, par défaut de fortune, d'arriver aux plus hauts grades de nos « administrations civiles et militaires. J'applaudirai à toutes les mesures qui ouvriront « toutes grandes les portes de nos lycées et de nos grandes écoles aux enfants pauvres qui « ont fait preuve d'intelligence et d'ardeur au travail. C'est le devoir de notre démo- « cratie, et c'est son intérêt de mettre en valeur toutes les qualités intellectuelles et « morales. Mais une égalité de grade ou de fonctions suppose une égale capacité. Il « n'est ni juste, ni moral, et il est dangereux qu'on puisse dire: « Un tel qui n'a pu « acquérir une instruction suffisante aura les mêmes titres, les mêmes droits, les mêmes « fonctions, que celui-là qui est instruit ».

C'est pour ces raisons essentiellement démocratiques que l'Union pense indispensable de faire d'autant moins fléchir la règle du concours qu'il s'agit de fonctions plus élevées. Dans son esprit, le recrutement des rédacteurs serait assuré par des épreuves à deux degrés, les premières, générales et communes à l'ensemble des Ministères, destinées à faire apprécier la valeur intellectuelle et le degré de culture des candidats, les secondes, spéciales à chaque administration, destinées à mettre en lumière la préparation technique des futurs fonctionnaires. Suivant la règle partout admise, l'admission ne serait définitive qu'après un stage probatoire.

Il resterait ici à émettre le vœu que ces concours fussent conçus dans l'esprit le plus large, avec un appel aussi restreint que possible aux facultés de pure mémoire: les compositions courtes, sur des sujets spéciaux, à traiter sans livres, qui sont presque partout de règle, constituent des primes au psittacisme. Il serait souhaitable de demander aux candidats un effort personnel, mettant en lumière leur originalité d'esprit, leur jugement, leur habileté à se servir de moyens de travail qui en fait, dans la réalité des choses, ne leur manqueront jamais par la suite.

Ce qui vient d'être dit au sujet du recrutement et de la distinction du personnel en trois catégories séparées, permet d'expliquer les dispositions préconisées par l'Union en ce qui concerne l'échelle des grades.

Puisque ces trois groupes ne sont point destinés à se pénétrer mutuellement, il est indispensable d'assurer à chacun des possibilités d'avancement étendues.

La question se pose surtout en ce qui concerne les commis, l'Union, qui représente les intérêts des expéditionnaires de la plupart des Administrations centrales, demande — d'accord en cela d'ailleurs avec l'Association générale des commis-expéditionnaires, comprenant elle-même les groupements non représentés à l'Union, — qu'un large avenir soit assuré à ceux des Commis qui ne pénétreront pas par concours dans le cadre des rédacteurs. Il est des qualités essentielles, hautement respectables en même temps que d'une utilité capitale dans un service d'Etat, qu'il faut savoir récompenser et employer au mieux des intérêts généraux, quand bien même elles ne s'allieraient pas à une culture générale souvent difficile à acquérir à un certain âge. Aussi le cadre des Commis comprend-il, dans le projet de l'Union, trois grades.

Dans le cadre supérieur, les grades actuels ont été simplement conservés, non que la question ne se fût posée de savoir s'il ne conviendrait pas de simplifier cette hiérarchie, mais parce que l'Union s'est attachée à un programme de réalisations, et parce qu'elle tenait à affirmer, sous une forme aisément saisissable, une idée qui lui est particulièrement chère, celle de la distinction de l'avancement en grade et de l'avancement en classe.

Si la question budgétaire ne limitait ici les possibilités de réforme, elle irait jusqu'au bout de cette idée en demandant que pour chaque grade, il fut fixé seulement un minimum et un taux d'augmentation automatique à l'ancienneté, le maximum se trouvant ainsi illimité. Mais elle se rallie au système actuel des classes, en demandant toutefois qu'il y ait une différence absolue entre l'avancement en grade, accordé exclusivement au choix, et l'avancement en classe, accordé exclusivement à l'ancienneté.

Elle pense, en effet, que l'avancement, tel qu'il est actuellement compris, repose sur une confusion entre deux choses absolument distinctes, quoique toutes deux respectables, le mérite, d'une part, l'ancienneté de l'autre. Sans doute il est un mérite qui naît de l'ancienneté: quand celle-ci amène avec elle le perfectionnement d'un esprit

par l'accoutumance à sa fonction, elle ne devrait plus avoir simplement pour nom
« ancienneté », elle devient « expérience », c'est-à-dire mérite, et il faut alors la
comprendre sous cette dénomination générale, qui peut englober des choses très différentes, concourant toutes à l'idée de « l'homme qu'il faut dans la place qu'il faut ».
Mais l'ancienneté, au sens propre, c'est la continuation assidue de services se maintenant également bons, c'est la bonne volonté régulière, c'est la tâche quotidienne honnê-
tement accomplie pendant des années. L'ancienneté ainsi comprise a des droits, car
les charges d'un fonctionnaire augmentent normalement avec son âge, et la persévérance
doit être récompensée ; il en découle naturellement que l'agent qui ne démérite pas doit
normalement, à intervalles fixes, recevoir l'encouragement, d'ailleurs modeste, de
l'avancement en classe, simple augmentation de traitement.

Quant à l'avancement en grade, institué non dans l'intérêt du fonctionnaire, mais dans celui de l'Etat, il ne peut être utilement et justement accordé qu'au
seul mérite, défini largement comme il vient d'être dit. Cet avancement récompensera le
zèle, l'intelligence, l'expérience, les services exceptionnels, la somme de travail élevant
peu à peu l'homme au-dessus de son niveau primitif. Comme il serait, dans le système
préconisé par l'Union, la seule prime donnée à tout ce qui dépasse le niveau moyen,
il importe qu'il puisse être fractionné de manière à soutenir les bonnes volontés par
l'espoir de résultats relativement prochains. C'est en s'inspirant de cette idée que
l'Union demande que le titre de rédacteur principal et celui de commis principal constituent de véritables grades, c'est-à-dire des échelons qui pourront être franchis assez
rapidement et permettront d'opérer une première sélection parmi les rédacteurs et les
commis se distinguant par leur manière de servir ; elle pense d'ailleurs que, si ces
suggestions étaient prises en considération, des mesures transitoires seraient adoptées
afin de ne pas retarder, par des exigences nouvelles, la carrière de fonctionnaires
d'avenir : son vœu n'est pas de voir augmenter les délais imposés pour parvenir aux
grades supérieurs, et elle pense que l'intérêt général demande bien plutôt le rajeu-
nissement des cadres.

Ces explications étaient nécessaires pour faire comprendre l'esprit dans lequel
l'Union a conçu l'avancement, et sa préoccupation de ménager les droits de l'ancienneté
et ceux du mérite, qui ne peuvent que se nuire s'ils sont confondus.

Elle demande enfin que les emplois de Directeur tout en ne suivant pas la règle
générale posée pour les autres grades, ne soient accordés qu'à des fonctionnaires
justifiant de certaines conditions d'âge et de capacité, et que les deux tiers de ces
emplois soient réservés dans chaque Ministère au personnel de l'Administration
centrale. Avec le Comité d'études, l'Union pense que c'est surtout pour les fonctionnaires supérieurs « qu'un statut est indispensable, car c'est d'eux surtout qu'il faut
« exiger des conditions et des preuves de capacité, et eux surtout qu'il faut protéger
« contre le Prince, non pas dans leur intérêt, mais dans l'intérêt public ». Assurément,
il serait abusif de prétendre qu'un Directeur de Ministère ne saurait être choisi ni dans
les services extérieurs, ni dans les autres Administrations centrales ; mais il n'en est
pas moins vrai que les fonctionnaires les mieux préparés à cet emploi sont ceux mêmes de
l'Administration où se produit la vacance, — surtout si par un recrutement plus sévère
et un avancement bien distribué, le niveau des Administrations centrales se trouve relevé
ainsi qu'il est souhaitable. D'autre part en laissant à l'autorité qui nomme la latitude de
choisir dans l'ensemble des fonctionnaires à partir du grade de chef de bureau, on
assure à sa liberté d'initiative et à son souci de responsabilité un jeu suffisamment large
pour être certain qu'elle ne sera pas entravée dans l'exercice de son pouvoir gouver-
nemental.

Il ne paraît pas utile de commenter longuement les dispositions, minutieusement
indiquées dans le projet, qui concernent la manière dont seraient accordées les avan-
cements en grade. L'Union ne se dissimule pas la difficulté et la complexité de la
question. Fidèle à sa méthode et à ses préoccupations d'ordre essentiellement pratique,
elle n'a pas voulu préconiser un système auquel on eût pu faire le reproche de manquer
de simplicité ou de rompre trop ouvertement avec les errements actuels ; elle a donc
adopté la méthode du tableau d'avancement, en s'efforçant de la perfectionner par le

rôle dévolu au Conseil du personnel et par l'institution d'une publicité préventive, permettant à tous les intéressés de faire valoir leurs droits.

Les considérations qui viennent d'être développées laissent suffisamment apercevoir les préoccupations positives et modérées dont s'inspire l'Union, pour qu'il soit loisible d'ajouter quelques mots sur le sens et la nature de l'action qu'elle désire poursuivre.

Profondément attachés aux institutions républicaines et animés du plus sincère loyalisme envers le Gouvernement, les fonctionnaires des Administrations centrales mettent tout leur orgueil à être, par leur dévouement et la conscience de leurs devoirs, au premier rang des serviteurs de la Nation. Ils se font une idée extrêmement élevée du rôle qui leur est imparti, et de la manière dont ils pourraient parvenir à s'en àcquitter complètement.

Ils aiment à penser qu'ils ont un droit personnel à accomplir la fonction qui leur est confiée, de par leurs capacités, de par l'investiture qu'ils ont reçue au nom de la collectivité. Ils savent que leur travail, leur compétence, leur intelligence ne sont que des moyens dont peuvent se servir sans réserve ceux qui sont chargés de les employer, mais ils mettent leur point d'honneur à être l'instrument qu'il n'est pas permis de ne pas employer. A côté du Gouvernement, émanation du pouvoir collectif, ils se sentent les dépositaires de l'expérience et de la raison collective.

S'ils conçoivent le corps administratif comme toujours subordonné, ils font aussi le vœu de le voir autonome par son statut, son recrutement, sa hiérarchie ; et ils veulent pouvoir penser qu'ils servent non pas un maître, mais une idée, la Patrie.

<table>
<tr><td>Le Président,
WEBER,
Sous-chef de Bureau au Ministère des Colonies.</td><td>Le Vice-Président,
SALGUES,
Rédacteur au Ministère de la Marine.</td></tr>
<tr><td>Le Secrétaire,
DE PIESSAC, ,
Rédacteur au Ministère de la Guerre.</td><td>Le Trésorier,
G. CHEVALIER,
Rédacteur à la Caisse des Dépôts
et Consignations.</td></tr>
</table>

TEXTE DU PROJET DE RÈGLEMENT COMMUN

AUX

Administrations Centrales des Douze Ministères

ET A LA

CAISSE DES DÉPOTS ET CONSIGNATIONS

Adopté par l'Union le 29 Juin 1909

PROJET D'ARTICLE DE LOI

à inscrire dans une loi de finances

Le réglement général relatif à l'organisation des Administrations Centrales des Ministères est établi par décret rendu dans la forme des réglements d'administration publique et contresigné par tous les Ministres. Le réglement institue un cadre permanent comprenant les catégories d'employés qui doivent exister dans tous les Ministères et leur répartition en classe ; il indique, d'autre part, les emplois qui pourront, suivant les besoins des différents Ministères, être institués par des décrets spéciaux sur le rapport du Ministre compétent et du Ministre des Finances ; les mêmes décrets prévoient dans chaque Ministère le nombre des emplois.

PROJET DE RÈGLEMENT D'ADMINISTRATION PUBLIQUE

I CADRES

ARTICLE PREMIER. — Les grades et emplois sont:

Directeur ;
Sous-Directeur ou Chef de division ;
Chef de Bureau ;
Sous-Chef de Bureau ;
Rédacteur principal ;
Rédacteur ;
Commis spécial ;
Commis principal ;
Commis ;
Dame sténo-dactylographe.

Dans les Ministères où il existe des auxiliaires permanents, payés sur le chapitre du personnel, ces agents seront supprimés par voie d'extinction. Les agents auxiliaires ne pourront être employés qu'à titre temporaire et seront payés sur des fonds spéciaux autres que ceux du personnel normal de l'Administration.

ART. 2. — Le Cabinet du Ministre et, s'il y a lieu, celui du Sous-Secrétaire d'Etat sont hors des cadres. Néanmoins des agents appartenant aux cadres permanents peuvent être temporairement détachés au Cabinet.

Les crédits affectés au paiement du Ministre et du Cabinet du Ministre et, s'il y a lieu, de celui du sous-secrétaire d'Etat, devront être inscrits dans un chapitre distinct de celui du personnel de l'administration centrale.

Le traitement des fonctionnaires détachés au Cabinet du Ministre dans un autre Département ministériel est supprimé pendant tout le temps où ces fonctionnaires restent détachés. Mais ces fonctionnaires conservent leur droit d'avancement à l'ancienneté.

ART. 3. — Il est institué dans chaque Département ministériel un Conseil du personnelcomposé des Directeurs ou Chefs de services et des fonctionnaires du Département élus par leurs collègues.

Ce Conseil donne son avis sur toutes les questions intéressant l'ensemble du personnel.

Toutefois les fonctionnaires membres du Conseil ne peuvent donner leur avis, ni voter lorsqu'il s'agit de discuter des propositions concernant l'avancement de fonctionnaires d'un grade ou d'un emploi supérieur aux leurs.

Les fonctionnaires susceptibles d'être portés au tableau d'avancement ne peuvent pas faire partie du Conseil du personnel.

II. — TRAITEMENTS

ART. 4. — Les traitements des emplois sont établis dans l'ensemble des Administrations centrales sur un pied de parfaite égalité (1).

III. — RECRUTEMENT

ART. 5. — Nul ne peut entrer dans une Administration centrale autrement qu'à la dernière classe de l'emploi de commis ou de rédacteur, sauf les exceptions prévues aux articles 10 et 14.

ART. 6. — Les commis sont recrutés par un concours unique sous réserve des droits reconnus aux sous-officiers par les lois militaires. Le jury est composé de membres n'appartenant pas aux Administrations Centrales.

ART. 7. — Les rédacteurs sont recrutés parmi :

1° Les diplômés de l'enseignement supérieur ;

2° Les commis des Administrations centrales ;

3° Les agents des services extérieurs.

Ils doivent subir, en premier lieu, un concours d'admissibilité unique pour tous les ministères, comprenant deux épreuves essentielles :

a) une composition française sur un sujet général ;

b) une composition portant sur des sujets juridiques, économiques et financiers.

Le concours est passé devant un jury unique composé de professeurs des facultés des lettres, droit et sciences.

Le bénéfice de l'admissibilité est limité à trois concours au plus.

Les candidats ayant satisfait à ce premier concours subissent ensuite un concours spécial à chaque Ministère.

Ce concours est passé devant un jury spécial pour chaque Ministère composé de professeurs des facultés des lettres, droit et sciences et de hauts fonctionnaires du Ministère intéressé.

ART. 8. — Une Commission interministérielle instituée à cet effet arrête la liste des candidats admis à concourir.

Les motifs de la radiation, qui ne peuvent être sous aucun prétexte politique, ni religieux, sont fournis à tout candidat évincé. Les candidats évincés ont un recours devant le Conseil de discipline établi par la loi sur le statut des fonctionnaires.

ART. 9. — La durée du stage est fixée à un an.

Les conditions dans lesquelles ce stage s'effectue et se termine sont réglées spécialement pour chaque Administration.

Le stagiaire touche pendant son stage le traitement de début de son grade.

Ce traitement est passible de retenue pour la retraite.

ART. 10. — Les directeurs sont nommés par décret.

Ils doivent être âgés de quarante ans au moins et justifier de 15 ans de services dans les cadres des Administrations centrales ou des services extérieures et avoir au moins, au moment de leur nomination, le grade de chef de bureau ou un grade équivalent.

Dans chaque ministère, les deux tiers au moins des emplois de directeur sont réservés au personnel des administrations centrales.

ART. 11. — Les nominations et les résultats des concours sont publiés au « Journal Officiel », dans le délai d'un mois.

---

(1) en prenant pour base l'Administration la plus favorisée.

IV. — AVANCEMENT

ART. 12. — L'avancement se fait en classe et en grade.

L'avancement en classe a lieu exclusivement à l'ancienneté.

Les augmentations de traitement dans les classes sont accordées automatiquement, jusqu'à ce que le maximum de l'emploi ait été atteint.

Le délai à passer dans chaque classe est de deux ans.

ART. 13. — L'avancement en grade a lieu exclusivement au choix dans les conditions suivantes :

Les promotions sont accordées aux fonctionnaires inscrits au tableau d'avancement et en suivant l'ordre du tableau qui est établi, chaque année, pour chaque grade, par le Ministre conformément à l'avis du Conseil du personnel.

Le nombre des fonctionnaires inscrits au tableau ne doit pas dépasser le double des vacances prévues.

Peuvent être inscrits au tableau d'avancement : pour le grade de commis principal et de commis spécial, les commis comptant au moins 6 ans de service dans ce grade.

Pour le grade de rédacteur principal, les rédacteurs comptant au moins 6 ans de service dans ce grade.

(Toutefois, pour le passage de commis à commis principal et de rédacteur à rédacteur principal, l'avancement a lieu moitié au choix, moitié à l'ancienneté) ;

Pour le grade de sous-chef de bureau, les rédacteurs principaux comptant au moins deux ans de service dans ce grade ;

Pour le grade de chef de bureau, les sous-chefs comptant au moins 5 ans de service dans ce grade ;

Pour le grade de sous-directeur ou de chef de division, les chefs de bureau comptant au moins deux ans de service dans ce grade ;

Le relevé des services et des titres des fonctionnaires réunissant les conditions pour l'avancement est publié huit jours avant la réunion du Conseil du personnel et chacun des intéressés est admis à mentionner sur la liste ainsi établie ses observations.

Le tableau d'avancement est publié dans les huit jours qui suivent la réunion du Conseil du personnel. Il est valable pour un an.

ART. 14. — Des permutations entre les employés des administrations centrales et ceux des autres services centraux ou extérieurs peuvent être autorisées suivant un tableau d'équivalence dressé par décret en forme de règlement d'administration publique.

V. — DISCIPLINE

ART. 15. — Les peines disciplinaires sont :

L'avertissement,

La réprimande,

La radiation du tableau d'avancement,

Le retard dans l'avancement en classe, retard qui ne peut excéder la durée d'une année.

La rétrogradation en classe et en grade,

La révocation.

Ces peines ne peuvent être prononcées que pour fautes professionnelles ou comme suite à des pénalités de droit commun entraînant la privation de droits politiques.

ART. 16. — Les deux premières peines sont prononcées par le Ministre. Elles sont prescrites au bout d'un an, s'il n'y a pas eu récidive.

ART. 17. — Les peines autres que l'avertissement et la réprimande sont prononcées par décision motivée du Conseil du personnel, auquel sont adjoints les deux employés les plus anciens du même grade que l'inculpé.

Le fonctionnaire inculpé après avoir reçu communication des griefs allégués contre lui et de son dossier, conformément à la loi de 1905, a le droit de présenter lui-même ou de faire représenter par un mandataire sa défense devant ce Conseil.

Art. 18. — Appel peut être fait par les parties, dans le délai de 2 mois après notification à l'intéressé, des décisions prises conformément aux articles précédents, devant le Conseil supérieur de discipline établi par la loi sur le statut des fonctionnaires.

Art. 19. — Le Ministre peut toujours abaisser la pénalité prononcée par le Conseil du personnel ou le Conseil supérieur de discipline.